कवि–कोविड

राजीव कुमार दुबे

First Published in November 2021

ISBN: 978-93-5472-321-6

BLUEROSE PUBLISHERS

www.bluerosepublishers.com

info@bluerosepublishers.com

+91 8882 898 898

Cover Design:

Vanshika Baranwal

Typographic Design:

Ilma Mirza

Distributed by: BlueRose, Amazon, Flipkart

कवि-कोविड

उपक्रमणिका

कवि-परिचय 1

प्रस्तावना 3

कृताञ्जलि 7

सुझाव 13

श्रद्धा-सबूरी 14

धीरज 16

जागरूक 17

सागर-मंथन 18

सुरक्षा-चक्र 20

जंग 22

सलीक़ा 24

विषाणु 26

कर्मवीर 29

कस्तूरी 31

दुराव 33

देश लड़ेगा 35

सचेत 37

संजीदगी 38

जीत 39

मर्यादा..40

इक़बाल..42

सेनानी...44

फ़र्ज़ 46

सम्वेदना..50

संजीवनी 52

पहचान..54

प्राण-वायु 56

इम्तिहान 58

हालात...60

अनुरूप 62

हिम्मत...65

उत्साह...67

दुर्दिन 69

अभय-दान 71

हिफ़ाज़त 73

शिफ़ा 75

बरबान 77

वरदानी 79

जन-चेतना 81
उम्मीद 83
स्वर्ग 85
अरमान 88
टीकाकरण 90
गुलाम 92
हौसला 95
धैर्य 97
बोध 99
साक्षी 101
अभिनन्दन 103

कवि-परिचय

राजीव कुमार दुबे वर्तमान में वाराणसी स्थित काशी हिन्दू विश्वविद्यालय के चिकित्सा विज्ञान संस्थान में निश्चेतना (Anaesthesiology) विभाग के प्राध्यापक के रूप में कार्यरत हैं। उनकी शैक्षणिक पृष्ठभूमि आयुर्विज्ञान के निश्चेतना विषय (Anaesthesiology) एवं अस्पताल-प्रशासन (Hospital Administration) में स्नातकोत्तर है। एक लोकप्रिय शिक्षक और लब्धप्रतिष्ठ चिकित्सक होने के साथ ही वह एक मुखर लेखक व सम्वेदनशील कवि भी हैं।

प्रस्तुत कृति वर्तमान कोविड-19 वैश्विक महामारी की पृष्ठभूमि पर आधारित है, जो मूलतः स्वस्थ जीवन-शैली, जन-चेतना और कोरोना के विरुद्ध युद्धरत वीर सेनानियों के अभिनन्दन को लक्ष्य कर लिपिबद्ध की गयी है। कोरोना की दुस्सह पीड़ा के मध्य यह काव्य-संग्रह मन में नयी आशा और स्फूर्ति का संचार करता है। संग्रह की प्रत्येक रचना महामारी पर निश्चित विजय का शंखनाद करती है। कोविड महामारी की विभीषिका के आरम्भ से ही

गहन चिकित्सा कक्ष में कोविड-रोगियों के उपचार तथा प्रशासनिक उत्तरदायित्व के निर्वहन के मध्य कवि ने मानवता की चीत्कार को अत्यंत सम्वेदनशीलता से अनुभव किया है। एक कवि की सम्वेदना और चिकित्सक के अदम्य आत्मविश्वास से उपजी ये कविताएँ न केवल ढाढ़स बाँधती हैं, अपितु स्फटिक-सदृश स्पष्ट और सकारात्मक चित्रण के माध्यम से अनागत का पूर्वाभास भी कराती हैं। कोविड-अनुरूप व्यवहार की उपादेयता और एक वैज्ञानिक दृष्टिकोण को उजागर करते हुए कवि ने प्राचीन भारतीय संस्कृति, अध्यात्म, राजयोग एवं मानवीय मूल्यों को एक नूतन आयाम दिया है।

प्रस्तावना

२१वीं सदी में विज्ञान व तकनीक ने संसार को एक ओर जहाँ तमाम सुख-सुविधाएँ दी हैं, तो साथ ही सौगात में कुछ विपदाएँ भी दे दी हैं। गर्वित मानव समुदाय विपदाओं पर विजय हासिल करने हेतु संघर्षरत ही था कि तभी एक भयावह महामारी ने अचानक सारे विश्व को स्तब्ध कर दिया। उत्तरोत्तर घातक हथियार बनाने वाले मानव के सारे हथियार धरे रह गए और एक 'कोरोना' वायरस ने सारी धरती को दहला दिया। स्वयं को असुरक्षित महसूस करते मानव अपने घरों में दुबक गए। दबे पाँव आये इस दुश्मन की विकरालता का किसी को अहसास भी न था। अतः पलक झपकते ही इसने लाखों को लील लिया। सामाजिक व्यवस्था अस्त-व्यस्त हो गई। लोग बेरोजगार हो गए। अर्थतन्त्र लड़खड़ाने लगा। पंख लगाकर उड़ते हुए इस विश्व की रफ़्तार को सहसा थम जाना पड़ा। हर एक शख़्स बस विवश, मूक और अवाक् था।

शासक-प्रशासक, शिक्षक-प्रशिक्षक और साहित्यकार-पत्रकार से लेकर आम जनता तक सभी कोरोना के इस महासमर में कूद पड़े। उस परिस्थिति की ही एक झलक प्रस्तुत करती यह

काव्यमाला [**कवि-कोविड**] मानव को आत्म-अन्वेषण हेतु प्रेरित करती है। जब एक शिक्षक, कवि और चिकित्सक एक में ही लय हो जाते हैं, तब एक अनोखी प्रतिभा [डॉ० राजीव जी] का सृजन होता है। इस संकलन में सम्वेदनशील कवि, वीर योद्धा चिकित्सक व समाज को योग्य, सशक्त, सकारात्मक व श्रेष्ठ बनाने वाला शिक्षक एक ही व्यक्ति के व्यक्तित्व में समाहित हो उठा है, जो 'चीनी' कोरोना की विष-वर्षा से मूर्छित विश्व को अपनी सृजन-संजीवनी की वर्षा के द्वारा नवजीवन प्रदान करने का प्रयास कर रहा है। महामारी से बचाव के तात्कालिक उपायों का वर्णन करते हुए यह काव्य-चयनिका डॉ० राजीव जी को मानव जाति के सच्चे हितैषी के रूप में प्रतिपादित करती है।

एकमात्र 'कोरोना' विषय पर एक काव्य-संग्रह रच देना इस बात का परिचायक है कि कवि अत्यंत ही सम्वेदनशील है। वायरस ने कवि-हृदय को इतना उद्वेलित किया कि उसने बड़ी गहराई से इस पर चिन्तन एवं कार्य किया है। उसका कोमल हृदय लोगों की चिन्ता करता है। उसमें बुद्ध की करुणा है, तो कृष्ण के सदृश सुदृढ़ता भी है। कवि की रचनाएँ

भविष्य को स्वर्णिम बनाने हेतु मानव की जीवन-शैली को तदनुरूप ही ढल जाने को प्रेरित करती हैं।

कोमल हृदय कवि संसार की पीड़ा देखकर द्रवित है। चिकित्सक एक योद्धा के रूप में उभरता है, जो मानव जीवन की रक्षा हेतु स्वयं का बलिदान देने हेतु उद्यत है। "ये दुर्दिन दुर्गम, बीतेंगे एक दिन। कोरोना से हम जीतेंगे एक दिन।" कहकर कवि ने अजेय मानवीय जिजीविषा को मुखर किया है। "समस्या है, तभी समाधान भी होगा। यदि रात अमावस है, विहान भी होगा।" कहकर उसने संसार को सकारात्मक ऊर्जा से भरने का प्रयास किया है। 'सामाजिक दूरी' शब्द कहीं भ्रम न पैदा कर दे, इसलिए "सामाजिक दूरी हो, लेकिन दिल में कोई दुराव न हो। कोरोना से बचा संक्रमित कोई नगर या गाँव न हो।" कहकर कवि ने हर नगर या गाँव को दिल से जुड़े रहने को प्रेरित किया है। "सामाजिक दूरी अनुपालन, जल-साबुन से हस्त-प्रक्षालन, मुख पर मास्क करें नित धारण– यह मुख्य तीन अभिप्रेत रहें।" कहकर कवि ने कोरोना-विजय का अत्यंत सरल महामंत्र दिया है।

अनेक आयामों से कोरोना को घेरकर उसे समूल नष्ट कर देने की कवि की इच्छा बड़ी सशक्त है।

संसार अवश्य इस संकट पर विजय हासिल करेगा; कवि की इच्छा अवश्य फलीभूत होगी। कवि की ये रचनाएँ कालजयी सिद्ध होंगी। इस संग्रह की पूर्णता पर मैं डॉ० राजीव जी को बहुत बधाई देता हूँ। इन रचनाओं का संगम अपने उद्देश्य को अवश्य हासिल करेगा तथा पाठकों को लाभान्वित करेगा।

आपके इस भगीरथ-प्रयास हेतु बहुत-बहुत साधुवाद ! हार्दिक शुभकामनाएँ !

आनंद शेखर उपाध्याय

बिरला पब्लिक स्कूल, दोहा, (क़तर)

कृताञ्जलि

प्रिय पाठकगण,

सहज समर्पण–

'कवि-कोविड' का समाहरण।

सादर आग्रह,

अर्पित संग्रह

पाणि-कमल में करें ग्रहण।

कोविड भीषण,

फैला इस क्षण–

इसके भी कुछ हैं कारण।

शान्त हृदय रख,

सच जाँच-परख,

हम करें आत्म-अन्वेषण।

जीवन नियमित,

हो मर्यादित

संकल्प-भाषा-आचरण।

आहार उचित,

इच्छा परिमित,

सन्तुलित निद्रा-जागरण।

दूरी दो गज,

हो मास्क सहज,

नव जीवन-शैली का प्रण।

हाथ धुला नित,

जीवन प्राकृत,

हो सम्यक् योग प्रसारण।

प्रकृति सहचरी
अब हो न डरी–
इसकी रक्षा का लें प्रण।
वृक्ष लगायें,
शुद्ध बनायें–
दूषित न हो पर्यावरण।

हो स्वच्छ पवन,
सरिता पावन,
उर्वर धरती का कण-कण।
स्वस्थ, निरामय
तन, मन निर्भय–
सब स्वच्छन्द करें विचरण।

है रोग विषम
औषध हैं कम।

टीका ही मात्र निवारण।

सजग रहें सब,

जीतेंगे तब,

एक नया हो उदाहरण।

है शत-प्रतिशत

निज विजय नियत–

संकल्प सफल हो तत्क्षण।

हो पूर्ण मनोरथ,

दरसाये पथ

भारत की अध्यात्म-किरण।

रक्षाबन्धन, 22/08/2021

राजीव कुमार दुबे
प्राध्यापक
निश्चेतना विभाग
आयुर्विज्ञान संस्थान
काशी हिन्दू विश्वविद्यालय
वाराणसी

समर्पण

वीर चिकित्सक–

अन्तिम पल तक

सेवा में रत रहे अथक।

दृढ़ है निश्चय,

बढ़ते निर्भय–

मानवता के परिचायक।

घर को तजकर,

निशि-दिन जगकर–

जिया तपस्वी-सम जीवन।

हैं मौन अधर,

अश्रु पलक पर–

व्योम-सदृश तुम निर्बन्धन।

है कोटि नमन,

ये स्नेह-सुमन

अर्पित सेनानी! तुम पर।

जब तुम ईश्वर

इस धरती पर–

है मृत्यु निकल जाती छूकर।

सुझाव

शहर-शहर और गाँव-गाँव–

कोरोना के यही सुझाव।

हाथ धोयें, आँखें न छुयें।

नाक-मुख पर मास्क लगायें।

परस्पर दूरी अपनायें।

जानकारी ही है बचाव।

कोरोना के यही सुझाव।

श्रद्धा-सबूरी

धुले हाथ हो,

सदा मास्क हो,

परस्पर रखें नित्य छह फीट दूरी।

सभी के लिए मन्त्र हैं ये जरूरी।

धुले हाथ, हो मास्क, छह फीट दूरी।

अभी जीतनी है हमें यह लड़ाई,

सदी के महारोग को दें विदाई।

न संजीदगी में कहीं हो ढिलाई–

न छूटे कड़ी एक भी अब अधूरी।

सभी के लिए मन्त्र हैं ये जरूरी।

धुले हाथ, हो मास्क, छह फीट दूरी।

सभी कार्य निर्भीकता से करेंगे,

सही जानकारी हमेशा रखेंगे।

चुनौती मिली, जंग भी जीत लेंगे–

करे राह आसान श्रद्धा-सबूरी।

सभी के लिए मन्त्र हैं ये जरूरी।

धुले हाथ, हो मास्क, छह फीट दूरी।

धीरज

कोरोना निश्चित हारेगा, थोड़ा धीरज और धरें।
लापरवाही और ढिलाई तनिक न बरतें, गौर करें।

मास्क पहनना, दूरी रखना– उत्तम श्रेष्ठ बचाव यही।
संयम से ही विजय मिलेगी, आपस में न दुराव सही।
उचित दवाई मिलने तक, दो गज दूरी का ठौर धरें।
कोरोना निश्चित हारेगा, थोड़ा धीरज और धरें।
लापरवाही और ढिलाई तनिक न बरतें, गौर करें।

दफ़्तर और दुकान खुले हैं, खुलते कारोबार सभी।
कोरोना ने की है अपनी हार नहीं स्वीकार अभी।
सजग रहें, चाहे हम सारे अपने काम बतौर करें।
कोरोना निश्चित हारेगा, थोड़ा धीरज और धरें।
लापरवाही और ढिलाई तनिक न बरतें, गौर करें।

जागरूक

अब तक कोरोना गया नहीं,
लापरवाही नहीं भली।
दो गज दूरी, मास्क जरूरी–
जागरूक हो गली-गली।

नहीं दवाई, और न टीका*–
कोरोना की बीमारी का।
जीवन तो पटरी पर आये,
खुशियों का हो रंग न फीका।
तनिक सजगता और सुरक्षा–
इनसे अनहोनी सदा टली।
दो गज दूरी, मास्क जरूरी–
जागरूक हो गली-गली।

[* कविता लिखने की तिथि तक वैक्सीन उपलब्ध नहीं थी।]

सागर-मंथन

उपचार नहीं कोरोना का, बस, आस निवारण पर सारी।
दो गज की दूरी से ही तो सम्भव होगी जीत हमारी।

घर से बाहर जब भी जायें,
अपने मुख पर मास्क लगायें।
हाथ सदा साबुन से धोकर
नेत्र छुयें या भोजन खायें।
भूल हमारी अन्तिम होगी, एक मिली हमको यह बारी।
दो गज की दूरी से ही तो सम्भव होगी जीत हमारी।

हिन्दू-मुस्लिम-सिख-ईसाई,
भेद धनी-निर्धन, भाषायी–
हम भारतवासी हैं पहले,
हम सबकी है एक लड़ाई।
एक कड़ी कमजोर हुई तो हार हमारी होगी भारी।
दो गज की दूरी से ही तो सम्भव होगी जीत हमारी।

कोई प्रान्त, प्रदेश, नगर हो,
सड़क-गली हो, घर-बाहर हो।
कोरोना अब पैठ बना ले–
इतना भी न सरल अवसर हो।
कोरोना का मित्र न कोई बालक-वृद्ध-युवा, नर-नारी।
दो गज की दूरी से ही तो सम्भव होगी जीत हमारी।

रोग कई हमने जीते हैं,
अपने पीछे युग बीते हैं।
अमिय लुटाकर जग-सेवा में,
कण्ठ हमारे विष पीते हैं।
आओ आज करें हम मिलकर सागर-मंथन की तैयारी।
दो गज की दूरी से ही तो सम्भव होगी जीत हमारी।

सुरक्षा-चक्र

दो गज की दूरी अपनायें
और सुरक्षा-चक्र न तोड़ें।

विश्व-महामारी बन छायी,
कोरोना की नहीं दवाई।
समझ समस्या की गहराई–
अब बचाव के साधन जोड़ें।
दो गज की दूरी अपनायें
और सुरक्षा-चक्र न तोड़ें।

नेत्र छुयें मत नादानी से,
हाथ धुले साबुन-पानी से।

मुख पर रहे नक़ाब* हमेशा–

पान, नशा, तम्बाकू छोड़ें।

दो गज की दूरी अपनायें

और सुरक्षा-चक्र न तोड़ें।

बीमारी का राज़ समझकर,

जिम्मेवारी आज सड़क पर,

घर-बाहर, दुकान या दफ़्तर–

सजग रहें हम, गफ़लत छोड़ें।

दो गज की दूरी अपनायें

और सुरक्षा-चक्र न तोड़ें।

[* नक़ाब = मास्क]

जंग

साथी आओ, हाथ बढ़ाओ,

मिल-जुल कर हम संग बढ़ेंगे।

दो गज की दूरी अपनाओ–

कोरोना से जंग लड़ेंगे।

हो साबुन से हाथ सफाई,

चेहरे पर नक़ाब* हमेशा।

अस्पताल में जाँच कराना–

जब भी हो थोड़ा अंदेशा।

अहमियत ज़ंजीरे हिफ़ाज़त

की न तनिक भी भंग करेंगे।

साथी आओ, हाथ बढ़ाओ,

मिल-जुल कर हम संग बढ़ेंगे।

दो गज की दूरी अपनाओ–

कोरोना से जंग लड़ेंगे।

बीमारी से, बेकारी से,

भुखमरी और लाचारी से–

निपटेंगे हम तैयारी से,

संजीदा जिम्मेवारी से।

स्याह फलक पर, हिम्मत रखकर

नयी सुबह के रंग भरेंगे।

साथी आओ, हाथ बढ़ाओ,

मिल-जुल कर हम संग बढ़ेंगे।

दो गज की दूरी अपनाओ–

कोरोना से जंग लड़ेंगे।

[* नक़ाब = मास्क]

सलीक़ा

कोई औषधि, कोई इलाज,
कोरोना की नहीं है आज।
एक पहेली अनसुलझी है,
अब तक कई गहरे हैं राज़।

दो गज दूरी, मास्क जरूरी–
जागरूक रहे नित्य समाज।
रखें सदा सामाजिक दूरी,
पूजन हो या चाहे नमाज़।

जीने का अब नया सलीक़ा,
क़ुदरत हमें है रही नवाज़।

सिन्दूरी भोर

दो गज दूरी, मास्क जरूरी–
तभी सुरक्षा होगी पूरी।

नहीं हुई है ख़त्म लड़ाई,
कोरोना की नहीं दवाई।
भली नहीं है अभी ढिलाई–
दफ्तर, खेती या मज़दूरी।
दो गज दूरी, मास्क जरूरी।

सही रीति से मास्क पहन कर,
शारीरिक दूरी पालन कर,
स्याह रात को हम रोशन कर
लायें भोर एक सिन्दूरी।
दो गज दूरी, मास्क जरूरी।

विषाणु

चीन प्रदेश का एक विषाणु–

जिसका नाम 'करोना' है।

आज सारे विश्व में फैला, बचा न कोई कोना है।

अब आगे गफ़लत मत करना,

जानकार बन इससे लड़ना।

हरदम मास्क पहनकर रखना, हाथ हमेशा धोना है।

चीन प्रदेश का एक विषाणु–

जिसका नाम 'करोना' है।

भीड़-भरे स्थल पर मत जाना,

दो गज की दूरी अपनाना।

बस बचाव इसका इलाज है, दवा, न जादू-टोना है।

चीन प्रदेश का एक विषाणु–

जिसका नाम 'करोना' है।

घर पर जब आयें बाहर से-

चाहे दुकान या दफ़्तर से।

तीस मिनट साबुन-पानी में अपने वस्त्र भिगोना है।

चीन प्रदेश का एक विषाणु–

जिसका नाम 'करोना' है।

सात्विक भोजन और सफाई,

पान-तम्बाकू को विदाई,

आसन-प्राणायाम-मनन कर, नियत समय पर सोना है।

चीन प्रदेश का एक विषाणु–

जिसका नाम 'करोना' है।

बीमारी से युद्ध ठनेगी,

दवा और वैक्सीन बनेगी।

प्रतिरक्षण की शक्ति सुदृढ़ कर, बीज विजय का बोना है।

चीन प्रदेश का एक विषाणु–

जिसका नाम 'करोना' है।

कर्मवीर

कोरोना के कर्मवीर का करते हम अभिनन्दन।
अर्पण किया जिन्होंने अपना है तन-मन-धन-जीवन।

दिन-सप्ताह-मास भी बीते
जिनको निज घर से दूर रहे।
हम न रहें, इस महासमर में–
मानवता अमर जरूर रहे।
परिवार नहीं, घर-बार नहीं देखा मुड़ मनभावन।
कोरोना के कर्मवीर का करते हम अभिनन्दन।

पुष्प-वृष्टि कर, स्नेह-दृष्टि भर
घर-घर उत्सव दीप जलायें।

नभ-अवनि से, करतल ध्वनि से

देश बढ़े–उत्साह जगायें।

दो गज की दूरी से करते हम हार्दिक आलिंगन।

कोरोना के कर्मवीर का करते हम अभिनन्दन।

कस्तूरी

दो गज की दूरी
बहुत है जरूरी।

कोरोना का है क़हर–
तुम न होना बेखबर।
कायदा का हो क़दर–
हसीन होगा तब सफ़र।

उम्दा बचाव ही,
इलाज मजबूरी।

आसमान और जमीं,
है फ़िज़ा भी दिलनशीं।

वक्त जाएगा गुज़र–

ख़ुशनुमा होगा सहर।

दिल का एहसास–

महके कस्तूरी।

दुराव

सामाजिक दूरी हो, लेकिन

दिल में कोई दुराव न हो।

कोरोना से बचा संक्रमित

कोई नगर या गाँव न हो।

युक्त आहार-विहार यदि हो,

युक्त स्वप्न और जागृति हो।

रोग असम्भव, जब मर्यादित

पर्यावरण और प्रकृति हो।

संयम की जीवन-शैली में,

अनुशासन का अभाव न हो।

सामाजिक दूरी हो, लेकिन

दिल में कोई दुराव न हो।

विकट समस्या है, हल इसका

सूझ-बूझ से अति सरल है।

साबुन-जल से जो धुल जाए–

कोरोना बड़ा निर्बल है।

ऐसी महामारी न होगी,

जिसका कोई बचाव न हो।

सामाजिक दूरी हो, लेकिन

दिल में कोई दुराव न हो।

देश लड़ेगा

धर हाथ पर हाथ, मूक नहीं हम बैठेंगे लाचारी से।

देश लड़ेगा बीमारी से, 'करोना' की महामारी से।

चाहे घर गें हो गृहणी, या

सीमा का रक्षक प्रहरी हो।

मजदूर, सफाई-कर्मी या

ग्रामीण कृषक हो, शहरी हो।

मुश्किल में मिलजुल कर लड़ना हमको पूरी तैयारी से।

धर हाथ पर हाथ, मूक नहीं हम बैठेंगे लाचारी से।

वैज्ञानिक और चिकित्सक मिल

इस बीमारी को साध रहे।

कृषि, सेवा, उद्योग–प्रगति का

चक्र सदा निर्बाध रहे।

कृषक, श्रमिक की मृत्यु नहीं हो भूख, तड़प, बेगारी से।

धर हाथ पर हाथ, मूक नहीं हम बैठेंगे लाचारी से।

आज विश्व की दृष्टि टिकी है

भारत की ओर निराशा में।

हो कोई भी प्रश्न, निकलता

हल है गीता की भाषा में।

देकर बलिदान उबर आये हम संकट की हर पारी से।

धर हाथ पर हाथ, मूक नहीं हम बैठेंगे लाचारी से।

सचेत

डरने की कोई बात नहीं;

बस, थोड़ा और सचेत रहें।

कोरोना के महासमर में

मन-कर्म-वचन समवेत रहें।

सामाजिक दूरी अनुपालन,

जल-साबुन से हस्त-प्रक्षालन,

मुख पर मास्क करें नित धारण–

यह मुख्य तीन अभिप्रेत रहें।

कोरोना के महासमर में

मन-कर्म-वचन समवेत रहें।

संजीदगी

हिम्मत हो बुलन्द, तो
जीत नामुमकिन नहीं।
स्याह शब के बाद भी
दूर रोशन दिन नहीं।

सामाजिक दूरी से
जंग में होगी फ़तह,
संजीदगी में कभी
ढील हो लेकिन नहीं।

जीत

जीत हमारी होगी।
सजग रहें हम, तो क़ैद में हर महामारी होगी।
जीत हमारी होगी।

दूर भीड़ से, घर में रहना;
मन्द संक्रमण की दर करना।
मिथ्या भ्रामक बातों में है
हमको नहीं उलझ कर डरना।

सामाजिक दूरी से ही पूरी तैयारी होगी।
जीत हमारी होगी।

मर्यादा

आयी है वैक्सीन, बधाई;

लेकिन बरतें और कड़ाई।

अनुशासन में दें न ढिलाई।

मास्क पहनना, दो गज दूरी–

अब भी बहुत जरूरी।

जीवन में कुछ मर्यादा हो;

रहन-सहन, भोजन सादा हो;

संग प्रकृति का ही ज्यादा हो।

युक्ताहारविहार जरूरी–

कृत्रिमता मजबूरी।

दृढ़ संयम मन का अक्षय हो;

इच्छाएँ कम हो, मित व्यय हो;

आज महामारी पर जय हो।

जीवन– कृषि हो या मज़दूरी,

महके बन कस्तूरी।

इक़बाल

कोरोना से जंग अभी तक जारी है।

जीतेंगे हम संग–

हमारी बारी है।

रखें अपना ख़याल, बुरा वक़्त गुज़रना।

दिल में रहे मलाल–

न ऐसा कुछ करना।

बदलें जीने का ढंग–

यह समझदारी है।

कोरोना से जंग अभी तक जारी है।

यह सूरत-ए-हाल बदल हम कल देंगे।

हौसला बेमिसाल–

वाजिब दख़ल देंगे।

राह न होगी तंग,

सभी तैयारी है।

कोरोना से जंग अभी तक जारी है।

करते इस्तक़बाल इस दौर में सबका।

हो बुलंद इक़बाल

वतन के मज़हब का।

जग रह जाये दंग–

क़ैद बीमारी है।

कोरोना से जंग अभी तक जारी है।

सेनानी

कर्तव्य-पथ पर,
विजय के रथ पर–
कोरोना सेनानी।

है प्राण का पण,
जीवन या मरण–
कठिन लड़ाई ठानी।

घर-बार को तज,
हम चरक-वंशज–
निकले हैं अभिमानी।

नहीं पद, न पदक
या धन की ललक–
सेवा-व्रत के दानी।

हे भाई-बहन,
रहो मास्क पहन–
अनुचित आना-कानी।

हम होंगे सफल,
साहस है अटल।
अंकित है अमर कहानी।

फ़र्ज़

ठीक नहीं है लापरवाही।

मास्क पहनना, दो गज दूरी–

इनमें मत बरतें कोताही।

कितना कुछ सरकार करेगी,

हम भी अपना फ़र्ज़ निभायें।

जिम्मेवारी अपनी मानें–

और सभी को यह बतलायें।

हैं कारगर बचाव यही दो–

समझें मत बंदिश अनचाही।

ठीक नहीं है लापरवाही।

मास्क पहनना, दो गज दूरी–

इनमें मत बरतें कोताही।

दुश्मन को कमज़ोर समझना

बहुत बड़ी है भूल हमारी।

आयी है वैक्सीन, मुकम्मल

करनी है अब भी तैयारी।

जीतेंगे, हम और लड़ेंगे–

कोरोना के वीर सिपाही।

ठीक नहीं है लापरवाही।

मास्क पहनना, दो गज दूरी–

इनमें मत बरतें कोताही।

जिम्मेवारी

रहें सुरक्षित, मास्क लगायें,
दो गज की दूरी अपनायें।

कोरोना की है नयी लहर,
बढ़ रहा संक्रमण शहर-शहर,
संकट है छाया घर-बाहर।
आओ हम जागरूक होकर–
अब न महामारी फैलायें।
रहें सुरक्षित, मास्क लगायें,
दो गज की दूरी अपनायें।

अन्तिम अवसर आज समझकर,
अन्य किसी पर दोष न मढ़कर,
बालक-वृद्ध-युवा बढ़-चढ़कर,
जिम्मेवारी आप उठाकर–

वैक्सीन सबको लगवायें।
रहें सुरक्षित, मास्क लगायें,
दो गज की दूरी अपनायें।

सम्वेदना

सम्वेदना मृतप्राय है;

शव भी यहाँ व्यवसाय है।

अब दूर खड़ी निहारती

मनुजता हो निरुपाय है।

औषधि का हो अवैध वितरण,

या ऑक्सीजन का भंडारण–

रंजित सबके हस्त रुधिर से

इनकी निर्दयता के कारण।

दो पण की आय हुई होगी–

हृदय में लेकिन हाय है।

सम्वेदना मृतप्राय है;

शव भी यहाँ व्यवसाय है।

मृत्यु खड़ी थी जब निज द्वारे

हमने जीवन-मूल्य बिसारे।

हीरक त्याग, कौड़ियाँ लेकर–

लज्जित हम, अपने-से हारे।

बुद्ध! तुम्हारी करुणा रोती,

व्यथित बापू का दाय है।

सम्वेदना मृतप्राय है;

शव भी यहाँ व्यवसाय है।

संजीवनी

आज लेखनी विवश बड़ी है।
राम अधीर, अनुज लक्ष्मण की
रही श्वास की टूट कड़ी है!

गहन तिमिर-सम व्याल-पाश है,
अन्धकार-अपहृत प्रकाश है,
जग-जीवन अतिशय निराश है–
उत्सव की थम गयी घड़ी है।
आज लेखनी विवश बड़ी है।
राम अधीर, अनुज लक्ष्मण की
रही श्वास की टूट कड़ी है!

द्रवित हृदय है आर्त्तनाद सुन,
परिजन के मन के विषाद गुन।
उद्यम का बल हर, प्रमाद चुन–
अब मृत्यु मुँह बाये खड़ी है।
आज लेखनी विवश बड़ी है।
राम अधीर, अनुज लक्ष्मण की
रही श्वास की टूट कड़ी है!

दुर्लभ होती प्राण-वायु भी,
पल-पल होती क्षीण आयु भी,
न सत्य पर मिटते जटायु भी–
विलुप्त संजीवनी जड़ी है।
आज लेखनी विवश बड़ी है।
राम अधीर, अनुज लक्ष्मण की
रही श्वास की टूट कड़ी है!

पहचान

हर जान क़ीमती है,

इंसान क़ीमती है।

अस्पताल में बिस्तर,

ऑक्सीजन सिलिंडर,

दवाई और डॉक्टर,

इन सबके भी ऊपर–

ख़ुशनुमा ज़िंदगी का

अरमान क़ीमती है।

हर जान क़ीमती है,

इंसान क़ीमती है।

मुश्किल हो या क़िल्लत,

हर दिल में हो हिम्मत।

सँवरेगी फिर किस्मत–

बरसेगी उसकी रहमत।

गुमनाम ख़ुदा, उसकी

पहचान क़ीमती है।

हर जान क़ीमती है,

इंसान क़ीमती है।

प्राण-वायु

इस समस्या की घड़ी में
मन, न धीरज हारना तुम।

कर रही हर ओर ताण्डव
मृत्यु सीमा त्याग कर के।
हल मिलेगा अब नहीं मुख
मोड़, सच से भाग कर के।
जो हुई आलस्य के वश
भूल, आज सुधारना तुम।
इस समस्या की घड़ी में
मन, न धीरज हारना तुम।

मास्क भी, छह फ़ीट दूरी
और टीका भी जरूरी।
आपसी सहयोग से ही
तो मिलेगी जीत पूरी।
छीनकर अमरत्व, भू पर
प्राण-वायु उतारना तुम।
इस समस्या की घड़ी में
मन, न धीरज हारना तुम।

इम्तिहान

मुश्किल यह इम्तिहान है।

जान है, तभी जहान है।

दो गज की दूरी में गफ़लत,

मास्क पहनने में कोताही।

कोरोना को छेड़, मुफ़्त में

हमने ले ली मोल तबाही।

आते-आते लौट गयी अब

चेहरे की मुस्कान है।

मुश्किल यह इम्तिहान है।

जान है, तभी जहान है।

खाँसी और बुख़ार अगर हो,

अस्पताल में जाँच करायें।

सही सलाह समय से लें, मत

बीमारी को और छिपायें।

आज महामारी से लड़ता

हरेक शख़्स हैरान है।

मुश्किल यह इम्तिहान है।

जान है, तभी जहान है।

हालात

ख़तरनाक हालात बने हैं।

थोड़ी-सी लापरवाही से आज मौत से हाथ सने हैं।

गफ़लत में हम अगर न सोते,

मास्क हमेशा पहने होते,

हाथ हमेशा हम जो धोते–

नाते-रिश्तेदार न खोते।

दो गज की दूरी भी न रखी–

अपने तो क्या ही कहने हैं!

ख़तरनाक हालात बने हैं।

थोड़ी-सी लापरवाही से आज मौत से हाथ सने हैं।

वैक्सीन से भी गुरेज़ किया–

गुटका न पान परहेज़ किया।

गुमान बहुत लबरेज़ रहा–

हमने ख़ुद को परवेज़ कहा!

फैली हुई महामारी में

हम बेबस और अनमने हैं!

ख़तरनाक हालात बने हैं।

थोड़ी-सी लापरवाही से आज मौत से हाथ सने हैं।

अनुरूप

कोविड के अनुरूप उचित हो–

हम ऐसा व्यवहार करें।

मास्क पहन, रख दो गज दूरी–

अभिवादन स्वीकार करें।

कोई तनिक अस्वस्थ मिले–

पीड़ित खाँसी या ज्वर से।

विलग करें, जाँच करायें–

अति शीघ्र, प्रथम अवसर से।

मन्तव्य चिकित्सक का लेकर

प्रारम्भ त्वरित उपचार करें।

कोविड के अनुरूप उचित हो–

हम ऐसा व्यवहार करें।

मास्क पहन, रख दो गज दूरी–
अभिवादन स्वीकार करें।

लें पौष्टिक आहार, तथा
पर्याप्त हमारी निद्रा हो।
प्रतिरोधन क्षमता के हित
नियमित दुग्ध-हरिद्रा हो।
प्राणायाम, मनन, आसन से
अपना स्वास्थ्य-सुधार करें।
कोविड के अनुरूप उचित हो–
हम ऐसा व्यवहार करें।
मास्क पहन, रख दो गज दूरी–
अभिवादन स्वीकार करें।

शुद्ध पवन उपवन का हो,
सरिता की मृदु जलधारा।
इनके क्षय से असुरक्षित

होगा अस्तित्व हमारा।

ईश्वर और प्रकृति का मन से

प्रकट सदा आभार करें।

कोविड के अनुरूप उचित हो–

हम ऐसा व्यवहार करें।

मास्क पहन, रख दो गज दूरी–

अभिवादन स्वीकार करें।

हिम्मत

आज जरूरत है हिम्मत रख
बीमारी से लड़ने की।
इक-दूजे का मज़बूती से
मिलकर हाथ पकड़ने की।

कार्य सहज है दोषारोपण,
तनिक निरख लें मन का दर्पण।
अब तो लें समवेत यही प्रण–
तन-मन-धन, सर्वस्व समर्पण।

पक्ष-विपक्ष के जीत अहं को,
सेवा-व्रत से जुड़ने की।
आज जरूरत है हिम्मत रख
बीमारी से लड़ने की।

बीत गयी जो, बात गयी अब,

आगे की सुधि लें मिलकर सब।

धारण कर निज मन में संयम,

एक हमारा हो हर उद्यम।

लें निज नियति सँवार, नहीं हो

कोई बात बिगड़ने की।

आज जरूरत है हिम्मत रख

बीमारी से लड़ने की।

उत्साह

अति कठिन परीक्षा है, लेकिन
मन का उत्साह न कम हो।
यदि मृत्यु खड़ी प्रत्यक्ष, तदपि
जीवन की चाह न कम हो।

मणके के कुछ मोती टूटे,
पीछे अपने परिजन छूटे–
चीर निराशा का उर, आशा
जीवन में अंकुर बन फूटे।
पौरुष का प्रणिधान न तजना,
जब नियति-प्रवाह विषम हो।
अति कठिन परीक्षा है, लेकिन
मन का उत्साह न कम हो।

यदि मृत्यु खड़ी प्रत्यक्ष, तदपि
जीवन की चाह न कम हो।

कब तक श्यामल मेघ घिरेंगे,
झंझा में अब तो बिखरेंगे।
अग्नि-परीक्षा में चिर विजयी
कुन्दन के सम हम निखरेंगे।
हो जल-धारा विपरीत भले
पद-तल की थाह न कम हो।
अति कठिन परीक्षा है, लेकिन
मन का उत्साह न कम हो।
यदि मृत्यु खड़ी प्रत्यक्ष, तदपि
जीवन की चाह न कम हो।

दुर्दिन

ये दुर्दिन दुर्गम,

बीतेंगे एक दिन।

कोरोना से हम, जीतेंगे एक दिन।

होगा अस्त तिमिर,

मुदित समस्त शिविर,

भय-संशय से होगा

मानव त्रस्त न फिर।

पल जो आज विषम

रीतेंगे एक दिन।

ये दुर्दिन दुर्गम,

बीतेंगे एक दिन।

उन्मुक्त पुनः मन,

कंचन-काया तन,

नित नव ऊर्जा से

पुलकित जन-जीवन।

कोकिल सुर पंचम

गूँजेंगे एक दिन।

ये दुर्दिन दुर्गम,

बीतेंगे एक दिन।

अभय-दान

समस्या है, तभी समाधान भी होगा।
यदि रात अमावस है, विहान भी होगा।

नौका छोटी, विपरीत भले हो धारा–
मिलेगा पार भँवर के हमको किनारा।
हो बन्द लौह का द्वार, रुद्ध हो कारा–
विजयी वही, जिसका मन है नहीं हारा।
नीरव निशीथ के बाद गान भी होगा।
समस्या है, तभी समाधान भी होगा।

साहस हो, तो हिम-शैल पिघल जाता है,
बंजर सिकता से तैल निकल आता है।

काँटों में कोई और न पल पाता है–

जो महावीर है, नित्य सफल आता है।

भय है, तो प्रभु का अभय-दान भी होगा।

समस्या है, तभी समाधान भी होगा।

हिफ़ाज़त

अपनी जान से बढ़कर है
हर जान अहल-ए-वतन की।
दे क़ुर्बानी हिफ़ाज़त हम
हर रोज़ करेंगे चमन की।

है आज बहुत मुश्किल घड़ी,
महामारी से जंग छिड़ी।
किसी की कुछ तबियत बिगड़ी,
कुछ की तो ज़िन्दगी उजड़ी।
दवाई की क़िल्लत थी, तो
अब है कमी ऑक्सीजन की।
अपनी जान रो बढ़कर है
हर जान अहल-ए-चतन की।

जो बन पायेगा, करेंगे–

हम जंग से नहीं डरेंगे।

मौत पर हम फ़तह करेंगे–

ज़िंदगी का ताज धरेंगे।

हम क़ायम करेंगे दुनिया

शिफ़ा की, चैन-अमन की।

अपनी जान से बढ़कर है

हर जान अहल-ए-वतन की।

शिफ़ा

मत कोई और लहर आये।
आफ़त का दौर गुज़र जाये।
हर ओर ख़ुशी का मंज़र हो,
अब शिफ़ा बतौर नज़र आये।

बीत गयी, जो हुई तबाही,
डटे अभी जाँबाज़ सिपाही।
काले धंधे और उगाही–
इन सबकी हो तुरत मनाही।
है जब हयात की जंग छिड़ी,
तब तो मत मौत कहर ढाये।
हर ओर खुशी का मंज़र हो,
अब शिफ़ा बतौर नज़र आये।

कोई बेघर न यतीम रहे,

हर बुनियादी तंज़ीम रहे।

मिलती सबको तालीम रहे–

क़ायम ताउम्र शमीम रहे।

मत झूठ-फ़रेब फले-फूले,

न हक़ीक़त टूट बिखर जाये।

हर ओर खुशी का मंज़र हो,

अब शिफ़ा बतौर नज़र आये।

वरदान

कोरोना पर जीत हमारी

मुट्ठी में है, ठान अगर लें।

मास्क लगाना, दो गज दूरी–

ये दो बातें मान अगर लें।

है अति सूक्ष्म विषाणु, तबाही

जिसने घनघोर मचायी है।

विज्ञान-जगत ने ढूँढ लिया

अब टीका और दवाई है।

संक्रमण अधिक गम्भीर न हो,

लक्षण को पहचान अगर लें।

कोरोना पर जीत हमारी

मुट्ठी में है, ठान अगर लें।

मधुमेह, रुधिर-चाप बढ़ा हो–
त्वरित नियंत्रण आवश्यक है।
पर्याप्त शयन, सात्विक भोजन,
योगासन-ध्यान सहायक है।
कुछ वस्तु नहीं जो प्राप्त न हो–
हम ईश्वर से वरदान अगर लें।
कोरोना पर जीत हमारी
मुट्ठी में है, ठान अगर लें।

वरदानी

सेवा-पथ पर

सदैव तत्पर,

स्वार्थ पृथक कर,

निद्रा तजकर–

लिखते एक कहानी हम।

कोरोना सेनानी हम।

चीर तिमिर घन,

बरसे सावन।

कर ज्योतित मन,

काया-कंचन।

प्रकृति-चुनरिया धानी हम।

कोरोना सेनानी हम।

मन में संशय
और नहीं भय।
एक सदाशय–
विश्व निरामय।
मरु में शीतल पानी हम।
कोरोना सेनानी हम।

हो हर्षित उर,
स्नेह नवांकुर,
धन-धान्य प्रचुर,
मुरली का सुर।
स्वस्ति-सुधा वरदानी हम।
कोरोना सेनानी हम।

जन-चेतना

जन-चेतना को जगायेंगे।
हम सब टीका लगवायेंगे।
और लहर कोई मत आये–
कोरोना दूर भगायेंगे।

जन-जन की उचित सुरक्षा हो,
कोरोना से प्रतिरक्षा हो।
टीकाकरण सफल हो, जिससे
अब सुगम हरेक परीक्षा हो।
सबको ही सजग बनायेंगे।
जन-चेतना को जगायेंगे।

आयें न किसी बहकावे में,

मति-भ्रम या आत्म-छलावे में।

टीका यह पूर्ण सुरक्षित है–

दम न अवैज्ञानिक दावे में।

उलझन, भ्रम-जाल मिटायेंगे।

जन-चेतना को जगायेंगे।

उम्मीद

जन-जन को हो ईद मुबारक़–
जीने की उम्मीद मुबारक़।

कोरोना से मची तबाही,
लड़ते हैं जाँबाज़ सिपाही,
है अपना भी फ़र्ज़ इलाही।
मास्क पहनना, दो गज दूरी–
सबको यह ताकीद मुबारक़।
जन-जन को हो ईद मुबारक़–
जीने की उम्मीद मुबारक़।

बीमारी को जीत शिफ़ा से,

और दग़ा को जीत वफ़ा से,

जीतें हर नुक़्सान नफ़ा से,

इस्तक़बाल ज़िन्दगी का हो

उल्फ़त से, तज्दीद मुबारक़।

जन-जन को हो ईद मुबारक़–

जीने की उम्मीद मुबारक़।

स्वर्ग

पूनम की किरणों से झिलमिल
होगा कोना-कोना।
विजयी होगा विश्व, सहज ही
हारेगा कोरोना।

सुदृढ़ सुरक्षा-चक्र बनाकर–
मास्क पहन, टीका लगवाकर,
दो गज की दूरी अपनाकर,
हाथ सदा ही धोना।
विजयी होगा विश्व, सहज ही
हारेगा कोरोना।

जीवन में रखकर अनुशासन,

प्राणायाम-मनन-योगासन,

आज बना लें काया-कंचन–

जैसे तपकर सोना।

विजयी होगा विश्व, सहज ही

हारेगा कोरोना।

नभ में भेद तिमिर के बादल,

प्रकट यथा होता रवि उज्ज्वल,

संचारित कर पूर्ण मनोबल–

बीज सृजन का बोना।

विजयी होगा विश्व, सहज ही

हारेगा कोरोना।

कृत्रिम है हर वर्ग-विभाजन,

एक समान मिला है जीवन।

कर्म जहाँ होता निर्बन्धन–

उतरे स्वर्ग सलोना।

विजयी होगा विश्व, सहज ही

हारेगा कोरोना।

अरमान

मास्क पहनना, दो गज दूरी–
जब तक हम लेते ठान नहीं!
सच से तुम-हम अनजान नहीं–
है जंग अभी आसान नहीं।

वायरस हमें दे दख़ल रहा,
है रूप निरन्तर बदल रहा,
यह खेल भयानक खेल रहा–
कर सकती कलम बखान नहीं!
सच से तुम-हम अनजान नहीं–
है जंग अभी आसान नहीं।

अब पास न आये और लहर,

बेख़ौफ़ रहें सब गाँव-शहर,

मत टूटे बनकर मौत कहर,

बेवक़्त न जाये जान कहीं!

सच से तुम-हम अनजान नहीं–

है जंग अभी आसान नहीं।

ठीक न बेपरवाह नुमाइश,

और न गफ़लत की गुंजाइश।

आज शिफ़ा है सबकी ख़्वाहिश–

दिल का बिखरे अरमान नहीं!

सच से तुम-हम अनजान नहीं–

है जंग अभी आसान नहीं।

टीकाकरण

बीमारी गम्भीर न होगी,

यदि टीकाकरण सुनिश्चित हो।

बढ़-चढ़कर लगवायें टीका,

प्रतिरोधी-क्षमता विकसित हो।

दुष्परिणाम न इसके भारी,

बीतेगी रजनी कजरारी।

विजय-तिलक की है तैयारी–

छूटे मत कोई नर-नारी।

छद्म न छल, भय-द्वेष नहीं कुछ,

मन व्यर्थ नहीं आशंकित हो।

बढ़-चढ़कर लगवायें टीका,

प्रतिरोधी-क्षमता विकसित हो।

कोवैक्सीन स्वदेशी पूरी,

कोवीशिल्ड! न तुमसे दूरी,

स्पुतनिक ने पायी मंजूरी–

टीकाकरण नहीं बरजोरी।

स्वस्थ रहे जन-मानस, ऊर्जा

तन-मन में दिव्य समाहित हो।

बढ़-चढ़कर लगवायें टीका,

प्रतिरोधी-क्षमता विकसित हो।

ग़ुलाम

कोविड हो या 'ब्लैक फंगस',
इंसान है कितना बेबस!

ख्वाहिश के जंजाल में वह
खुद उलझ कर जाता है फँस!

जीत बेशुमार धन-दौलत,
और ही बढ़ती गयी हवस!

घिर लगायी हुई आग में
ख़ुद की, वह जाता है झुलस!

आज बना ग़ुलाम वक़्त का,
चंद लम्हे को रहा तरस!

ख़ौफ़

न जाने किसकी लगी नज़र, ख़ौफ़ का कैसा है मंज़र!

बन गयी महामारी आफ़त,

इंसान रहा करता गफ़लत।

बस, बदल न पाये हम आदत,

रहे मौत को ही देते दावत–

न मास्क पहनने की ज़हमत, न भीड़ सँभलती है बाहर!

न जाने किसकी लगी नज़र, ख़ौफ़ का कैसा है मंज़र!

झूठे ग़ुरूर में हम पड़कर,

सच देख नहीं सकते अक्सर।

हम सोये थे बेसुध होकर–

अब टूटे ख़्वाब, मिली ठोकर।

न फूल उगे, काँटे बोकर, हालात हैं बद से बदतर।

न जाने किसकी लगी नज़र, ख़ौफ़ का कैसा है मंज़र!

हौसला

अभी हौसला क़ायम रखना,
साथी! फ़तह हमारी होगी।
ग़म का काला दौर थमेगा,
सादिक़ सुबह हमारी होगी।

मास्क और दो गज की दूरी,
उतनी ही वैक्सीन जरूरी।
अब होगा न मौत का मंज़र,
और नहीं होगी मजबूरी।
कोई गफ़लत हम न करें, तो
जन्नत जगह हमारी होगी।
अभी हौसला क़ायम रखना,
साथी! फ़तह हमारी होगी।

जंग महामारी से भारी–
ख़त्म नहीं, है अब तक ज़ारी।
फ़ौलादी हैं आज इरादे,
गूँजेगी घर-घर किलकारी।
तय हम ही तारीख़ करेंगे,
वाज़िब वज़ह हमारी होगी।
अभी हौसला क़ायम रखना,
साथी! फ़तह हमारी होगी।

धैर्य

आज संकट की घड़ी में
धैर्य से मन काम कर ले।

नित्य प्रातः उठ समय पर
प्राप्त निद्रा पर विजय कर।
ज्ञान से मार्जित हृदय कर,
प्रेम से सिंचित मधुर स्वर,
शुद्ध भोजन, आचरण कर–
योग-प्राणायाम कर ले।
आज संकट की घड़ी में
धैर्य से मन काम कर ले।

व्यसन जो अनुचित, अहितकर–

मद्य, गुटका, पान तजकर,

राग, द्वेष, प्रमाद, मत्सर,

स्वयं का जीवन सरल कर।

त्याग, सेवा और तप कर

प्राण-मन अभिराम कर ले।

आज संकट की घड़ी में

धैर्य से मन काम कर ले।

बोध

इतना छोटा-सा सत्य भला,
मन को है बोध नहीं होता!
मास्क पहनना, दो गज दूरी–
इतना अनुरोध नहीं होता!

बीते कल के दारुण दिन थे,
पल में जब स्वजन गये छिन थे।
चहुँ ओर कलह था, क्रन्दन भी,
उपलब्ध न था आक्सीजन भी।
उचित व्यवस्था कम पड़ती थी,
तब भी प्रतिरोध नहीं होता!
मास्क पहनना, दो गज दूरी–
इतना अनुरोध नहीं होता!

सब मारे-मारे फिरते थे,

दुस्स्वप्न हृदय में घिरते थे।

कोई आशा की किरण न थी,

मृत्यु वहाँ पर विपणन थी।

उस दुर्दिन को कर स्मरण, भला

उर में है क्रोध नहीं होता!

मास्क पहनना, दो गज दूरी–

इतना अनुरोध नहीं होता!

साक्षी

मुट्ठी-भर प्रकाश की मार
सह सकता नहीं अन्धकार।
सच की जीत, झूठ की हार–
युग-युग से साक्षी संसार।

मलिन अमावस की हो रात,
फिर भी होता उदित प्रभात,
सच की ज्योति सदा अवदात,
है नव जन्म, मरण के पार।
सच की जीत, झूठ की हार–
युग-युग से साक्षी संसार।

घेर निराशा के लें मेह,

मन दृढ़ हो, चाहे कृश देह,

इसमें नहीं तनिक सन्देह–

दुःख की अवधि है दिन चार।

सच की जीत, झूठ की हार–

युग-युग से साक्षी संसार।

अभिनन्दन

कभी जलाये दीपक हमने,

ज्योति नहीं बुझ पाये!

फूल गगन से बरसाये जो,

फूल नहीं मुरझाये!

कोरोना के कर्मवीर हैं–

डॉक्टर, नर्स, सिपाही।

सबने ही है अपनी सेवा

अच्छी तरह निबाही।

जिनके अभिनन्दन में घर-घर

वन्दनवार सजाये।

कभी जलाये दीपक हमने,

ज्योति नहीं बुझ पाये!

भूखे पेट, अधर सूखे थे,

सिर से पाँव पसीना।

मज़बूत इरादे से सीखे

कोई इनसे जीना।

मानवता के घाव भरे हैं–

स्नेह-सहित सहलाये।

कभी जलाये दीपक हमने,

ज्योति नहीं बुझ पाये!

www.ingramcontent.com/pod-product-compliance
Ingram Content Group UK Ltd.
Pitfield, Milton Keynes, MK11 3LW, UK
UKHW040003200726
13854UKWH00001B/7

9 789354 723216